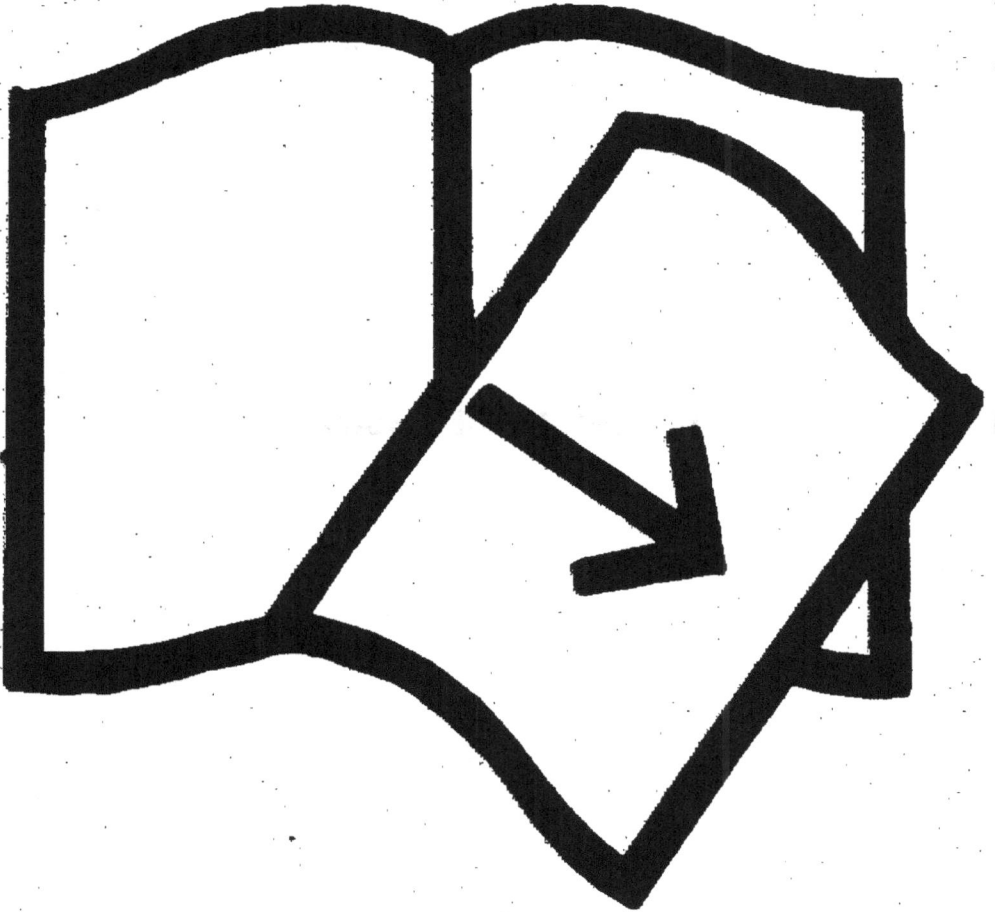

**Couvertures supérieure et inférieure manquantes**

# SOCIÉTÉ HISTORIQUE DE GASCOGNE

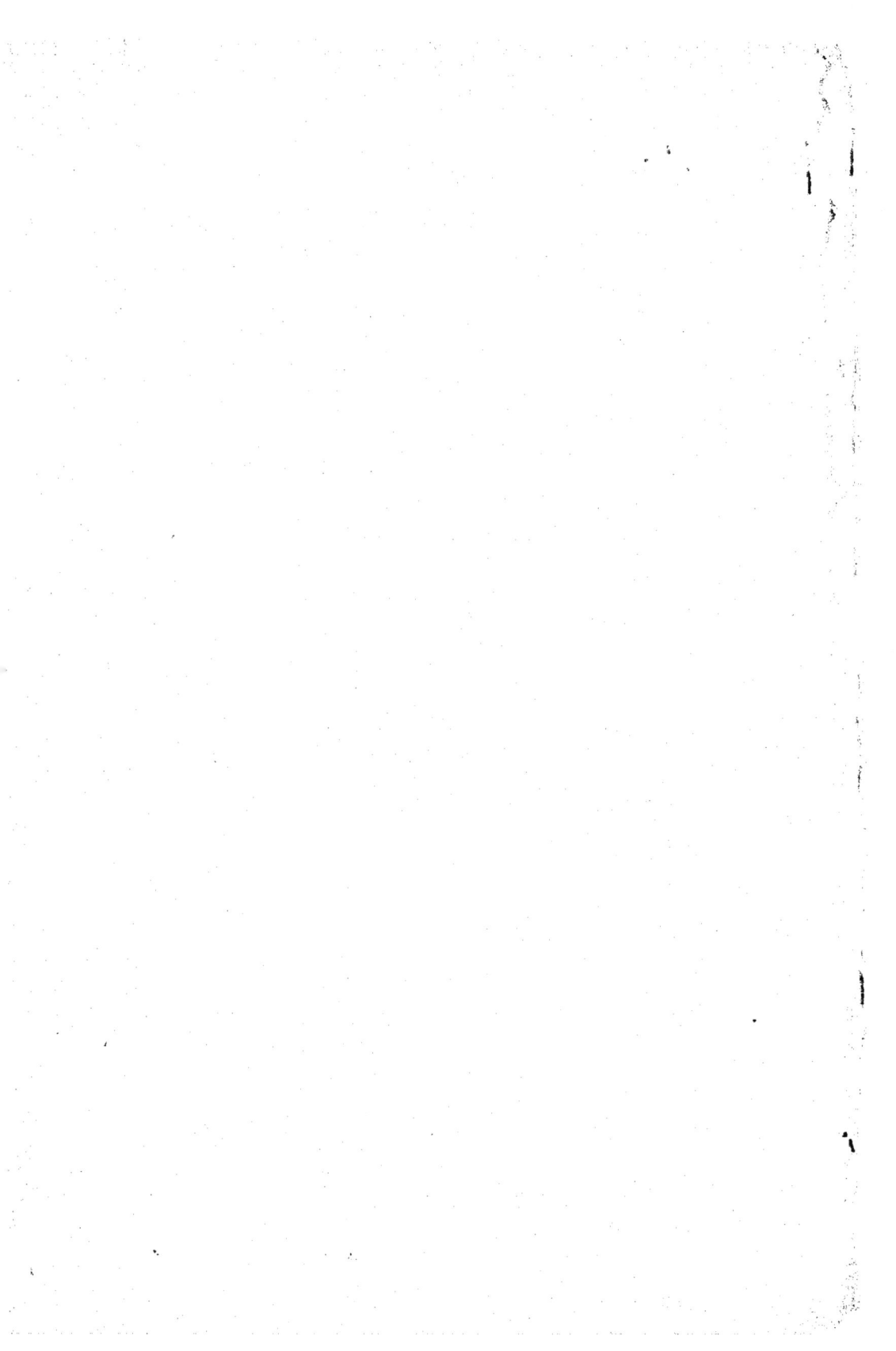

SOCIÉTÉ HISTORIQUE DE GASCOGNE

# RÉUNION GÉNÉRALE

## DU 27 MARS 1884

# RAPPORT

SUR

# LES TRAVAUX

DE LA

## COMMISSION DES ARCHIVES HISTORIQUES DE LA GASCOGNE

PAR

## M. J. DE CARSALADE DU PONT

AUCH

IMPRIMERIE ET LITHOGRAPHIE G. FOIX, RUE DALGUERIE

—

1884

# RÉUNION GÉNÉRALE DE LA SOCIÉTÉ HISTORIQUE DE GASCOGNE

## LE 27 MARS 1884.

La réunion, trop nombreuse pour tenir à l'aise dans la salle ordinaire des séances, a été reçue dans le salon de l'Archevêché d'Auch. En l'absence de Monseigneur, retenu à Mauvezin par ses prédications de carême, M. Adrien Lavergne, vice-président, a occupé le fauteuil. A ses côtés ont pris place MM. de Bourrousse de Laffore, président de la Société des sciences et arts d'Agen, et Ph. Tamizey de Larroque, correspondant de l'Institut. On remarquait, parmi les membres présents, MM. le comte Stanislas de Gontaut-Biron, Cypr. La Plagne-Barris, Edm. Cabié, l'abbé Fauqué, secrétaire-général de l'Archevêché, Paul Parfouru, archiviste du département du Gers, le chanoine Sabatié, l'abbé Larroque, Francou, architecte honoraire de la ville d'Auch, A. Lucante, directeur de la *Revue de botanique*, etc., etc.

M. Adrien Lavergne a ouvert la séance par les paroles suivantes :

Messieurs,

Dans toute association comme dans toute famille, on a le pieux devoir de conserver la mémoire des morts. Avant de commencer nos travaux, rappelons-nous ceux des nôtres qui ont quitté cette vie.

Notre président, le comte Armand de Gontaut, est mort à la fleur de l'âge, lorsque les plus belles perspectives allaient s'ouvrir devant lui. Vous l'avez vu dans nos réunions, vous avez entendu sa parole spirituelle et éloquente. Il aimait notre œuvre et fut toujours prêt à lui donner l'appui de sa haute influence. Je n'essaierai pas de faire son éloge; je dois me contenter de rendre hommage à sa mémoire et d'exprimer les profonds regrets de la Société historique de Gascogne.

M. le marquis de Cugnac, homme toujours empressé à seconder toute généreuse entreprise, fut l'un des premiers souscripteurs de nos *Archives historiques*. Le bien que j'entends dire de lui de toutes parts, le chagrin et les regrets qu'il laisse, prouvent bien que sa mort fait un grand vide parmi nous comme parmi ses concitoyens.

M. Édouard Fourcade, esprit distingué, chercheur infatigable, avait fait de grandes études historiques sur la ville de Vic-Bigorre, voisine du château de La Barthe qu'il habitait. Il nous eût vaillamment secondés dans notre œuvre si la mort n'était venue mettre un terme à sa laborieuse existence.

Messieurs, après la mort du comte Armand de Gontaut, son frère, le comte Stanislas, a demandé à prendre sa place sur nos listes. Voilà un bel exemple. On ne saurait mieux honorer la mémoire des défunts qu'en continuant le bien qu'ils faisaient.

Espérons que les familles de nos morts tiendront toujours à honneur de maintenir leur nom sur nos listes.

La parole a été donnée à M. l'abbé J. de Carsalade du Pont, secrétaire de la commission des *Archives historiques de la Gascogne*, pour faire connaître les travaux de cette commission dans l'année écoulée. Son rapport, qui a été fort goûté et vivement applaudi, est imprimé à la suite du présent compte-rendu.

L'ordre du jour appelait ensuite le rapport du trésorier de la commission, M. l'abbé Campistron, sur l'état financier de l'œuvre des *Archives historiques*. Voici ce rapport :

Les ressources de la commission des *Archives historiques de la Gascogne* résultent pour l'année 1883 du produit de 225 souscriptions et d'un secours alloué par le Conseil général du département.

L'avoir actuellement réalisé se compose : 1° de 190 souscriptions acquittées, soit une somme de 2,306 fr. 45 c. ; 2° de la somme votée par le Conseil général, soit 249 fr. 80 c. L'encaisse a donc été au total de 2,556 fr. 25 c.

Les dépenses faites jusqu'à ce moment proviennent des frais d'impression, de brochage et d'envoi des trois premiers fascicules des publications de l'année 1883 : la somme totale s'élève à 2,060 fr. 05 c.

Pour couvrir les dépenses nécessitées par l'impression et l'envoi du 4ᵉ fascicule, qui complétera les publications de la 1ʳᵉ année, il nous reste :

1° La différence entre l'encaisse et les sommes dépensées . . 496 20
2° Les douze souscriptions à la charge du libraire de la commission, soit . . . . . . . . . . . . . . . . . . . . . . . . 144 »
3° Quatorze souscriptions anciennes qui n'ont pas encore été acquittées, soit . . . . . . . . . . . . . . . . . . . . . . . . 168 »
4° Huit nouvelles souscriptions . . . . . . . . . . . . . . . . . . 96 »

Nous avons donc pour couvrir les frais de la dernière publication de 1883 la somme de . . . . . . . . . . . . . . . . . . . . . . 904 20

Le bilan peut être établi de la manière suivante :

1° Actif réalisé................... 2,556 25

Actif dû....... ............ 408 .

Total........ 2,964 25

2° Passif ...................... 2,030 05

Différence en faveur de l'actif (1). 934 20

Pour achever d'édifier les membres de la Société historique au sujet de l'état financier des *Archives*, M. J. de Carsalade fait connaître l'heureux succès des démarches faites en leur faveur auprès du Ministère de l'Instruction publique. Grâce à l'intervention très dévouée et très active de M. A. Faugère-Dubourg, bibliothécaire du Ministère de l'Intérieur; — grâce au franc patriotisme gascon et à la sympathie prononcée de M. Fallières, ministre de l'Instruction publique; — grâce enfin aux bonnes lettres échangées entre notre confrère M. Tamizey de La...que et le président du Comité des travaux historiques, M. Léopold Delisle, — il n'est pas téméraire de compter sur un secours officiellement accordé, à très bref délai, à la publication des *Archives historiques de la Gascogne*.

En se félicitant de la prospérité matérielle de cette partie toute nouvelle de nos travaux, M. l'abbé Fauqué appelle l'attention sur la *Revue de Gascogne*, dont le budget aurait peine à s'équilibrer sans le secours annuel voté par le Conseil général. Une précieuse ressource accessoire, celle de la vente des collections complètes, ne tardera pas à lui manquer, ces collections étant presque complètement épuisées. Il est donc à désirer que tous les membres de la Société travaillent à recruter de nouveaux abonnés à une publication si utile à l'histoire et si goûtée des meilleurs juges.

Pendant que M. de Carsalade rendait hommage au patriotisme provincial de M. le ministre de l'Instruction publique et de son compatriote M. Faugère-Dubourg, M. Tamizey de Larroque faisait passer à M. Léonce Couture la copie autographe d'un sonnet gascon sur la cathédrale de Burgos, écrit naguère par le poète à qui Nérac et le pays gascon doivent la *Guirlande des Marguerites*. Voici cette pièce, dont la lecture a excité le plus vif intérêt et les plus chaleureux applaudissements :

(1) On voudra bien remarquer que cette somme n'est pas un pur bénéfice; elle doit solder les frais du quatrième fascicule des *Archives historiques*.

### A M. Delsant de Parays.

Bous e jou, damb'Henner, lou pintre de l'Alsasso,
De ploujo sadourats, sous anats un tantos
En Espagno, cerca lou soureil a Burgos.
Horo-mount la ney cay. En alandant l'espasso,

La lûo, d'un linso que digua nou pedasso,
Capéro tout de blanc. Biren hario d'os
De morts, qu'auren semiat. Nat aubre; pas un los
A ha beue un auzet, se per escay ne passo.

Mè quin palas ta bet sur un so ta cattiu
S'ennarto e ba trauca la gran caloto blûo ?
Jèsus ! la catedralo ! oh ! coumo flambo ! Biu.

Creyren, à bese au cla d'aquero ney d'estiu
Soun cleuché floucat d'or oun s'apauso la lûo,
Qu'es lou Sen Sacromen dén las mas dou Boun Diu.

Le président fait part à l'assemblée d'un vœu souvent exprimé par un des membres de la commission des archives, M. Am. Plieux, habituellement empêché par ses devoirs professionnels de se rendre aux réunions. Il paraît naturel d'accéder à ses désirs en acceptant sa démission, ce qui amène une vacance. M. de Carsalade soumet aux membres présents cette pensée, que l'occasion est propice pour maintenir un nom illustre sur la liste des membres de la commission, veuve de son président, M. le comte Arm. de Gontaut, en nommant à la place de M. Plieux M. le comte Théodore de Gontaut-Biron. Il appuie cette proposition sur la noble parole qui a été dite aux funérailles de notre regretté président : « Quand un Gontaut tombe, qu'un Gontaut se lève, » et sur les importantes recherches historiques entreprises et déjà poussées très loin par son candidat. La démission de M. Plieux et la nomination de M. le comte Th. de Gontaut-Biron sont acceptées à l'unanimité.

M. le comte Stanislas de Gontaut remercie, en quelques mots émus, la Société historique de ce vote et de tout ce qu'elle a fait pour honorer la mémoire du comte Armand de Gontaut.

L'assemblée vote également à l'unanimité : 1° la nomination, comme président de la Commission des Archives historiques de Gascogne, de M. le baron ALPHONSE DE RUBLE, désigné déjà par la Commission et dont M. Ad. Lavergne rappelle en peu de mots les titres, appréciés de toute l'Europe savante : l'édition critique des Commentaires et des Lettres de Blaise de Monluc et l'histoire de Jeanne d'Albret;

2° La prorogation des pouvoirs de la Commission des Archives, en éliminant le nom de M. Plieux et en ajoutant les noms de MM. A. de Ruble, Th. de Gontaut, et ceux des quatre archivistes des départements de Lot-et-Garonne, Tarn-et-Garonne, Hautes et Basses-Pyrénées;

3° La nomination, comme membres correspondants de la Société historique de Gascogne, de MM. Philémon Laroche, docteur-médecin à Montignac-sur-Vézère (Dordogne), auteur de divers travaux archéologiques; — et l'abbé Haristoy, curé d'Irissarry (Basses-Pyrénées), auteur des *Recherches historiques sur le pays basque;*

4° La nomination, comme membre résident de la même Société, de M. l'abbé Castillon, professeur au Grand-Séminaire d'Auch.

M. l'abbé Sabatié donne lecture de son premier rapport sur les procès-verbaux des visites pastorales de Mgr de La Croix étudiés au point de vue archéologique. Le vénérable archevêque avait soin de recueillir partout et de faire transcrire dans ces procès-verbaux les détails relatifs aux églises, aux châteaux, aux traditions historiques et religieuses. M. Sabatié, résumant dans ce premier travail ce qui concerne l'architecture des églises, fournit nombre de données précieuses sur nos édifices sacrés des diverses périodes du moyen âge et de la Renaissance, et en particulier sur les églises si remarquables du Bas-Armagnac. Cette lecture est écoutée avec la plus favorable attention; il y a lieu d'espérer que des études nouvelles, indispensables pour rectifier ce qu'offrent d'inexact quelques-unes des appréciations du vénéré prélat, permettront de publier avec les additions requises tout ce travail d'ensemble, dont le début a paru si digne d'attention.

La proposition de changer les réunions annuelles de la Société historique de Gascogne en une sorte de congrès régional est reçue avec une faveur unanime; mais la Commission seule peut en préparer peu à peu l'exécution.

Après l'invitation transmise aux membres présents pour le prochain congrès archéologique de Pamiers, et l'assurance que la Société historique de Gascogne y sera représentée par M. le baron L. de Bardies, et, au moins pour les excursions dans la région du Couserans, par son vice-président, M. A. Lavergne, et par MM. J. de Carsalade et Léonce Couture, la séance est levée.

# RAPPORT SUR LES TRAVAUX

DE LA

## COMMISSION DES ARCHIVES HISTORIQUES DE LA GASCOGNE

Messieurs,

Dans votre séance du 9 décembre 1882, sur la proposition de M. le vice-président, vous nommâtes une Commission pour étudier et mettre à exécution le projet, voté en séance, d'une publication annuelle exclusivement composée de documents concernant l'histoire de notre ancien duché de Gascogne et qui prendrait le titre d'*Archives historiques de la Gascogne*.

Votre Commission se mit à l'œuvre avec le sentiment profond de l'honneur que ferait à la Société historique de Gascogne le bon succès d'une entreprise aussi hautement scientifique. Pénétrée de ce sentiment et résolue à se montrer digne de la mission que vous lui aviez confiée, elle aborda l'étude du projet avec la ferme volonté de tout tenter pour le faire réussir.

Les difficultés qu'elle a rencontrées, quelques-uns d'entre vous les connaissent, et si je les rappelle ici ce n'est pas pour rechercher de vains éloges, — vous seuls en méritez, messieurs, qui avez répondu à notre appel, — mais afin que vous sachiez que l'œuvre qui a pu les vaincre est désormais sûre de vivre dans l'avenir. Votre Commission se trouva tout d'abord en présence d'une difficulté que beaucoup jugeaient insurmontable. Les documents et les ouvriers ne devaient pas manquer à la future publication : nos archives publiques et

privées renferment d'innombrables richesses, et la Gascogne
est pleine de chercheurs patients, infatigables, héritiers des
grandes traditions bénédictines; mais pour mettre au jour ces
richesses, il fallait ce que l'on a appelé le nerf de la guerre,
de l'argent. D'après nos calculs, les frais de cette publication
devaient dépasser 2,000 francs. Cette somme paraissait
énorme. Les prudents, les timides, ces sages qui ne croient
pas que *audentes fortuna juvat*, — et c'était le grand nombre, — nous prédisaient l'insuccès et nous décourageaient
par leurs remontrances. Les temps sont difficiles, nous
disaient-ils, cette publication est inopportune, les préoccupations religieuses et politiques portent les esprits vers d'autres
recherches, la Gascogne d'ailleurs est si pauvre et le chiffre
de votre souscription est si élevé! 12 francs! quelle somme
énorme! Pourquoi compromettre par une défaite certaine
l'honneur de notre Société?

Tout cela était vrai, messieurs; mais comment faire en-
tendre à des gascons les conseils de la prudence humaine?
Cette vertu, qui a joué plus d'un mauvais tour, est très décriée
chez nous. Il est vrai que nous nous sentions soutenus par
vous, et qu'à notre première entrée en campagne, nous avons
vu venir à nous des vétérans de la grande armée des travailleurs, qui nous ont prodigué leurs chaleureux encouragements
et leurs sages conseils, et de jeunes volontaires pleins d'en-
thousiasme, qui ont mis à notre service leur généreuse ardeur
et leurs moyens d'action.

A côté de ces prophètes de malheur il y avait les incré-
dules et pire encore, car il faut tout vous dire, il y avait les
rieurs. Les rieurs sont redoutables, messieurs, quand on ne
les a pas de son côté. Ces bonnes gens, sûrs déjà de notre
échec et peut-être s'en réjouissant, nous regardaient avec la
compassion du chêne pour le roseau et dans leur bon naturel riaient de nous et disaient : «Ces gascons! »

Eh bien! messieurs, ces gascons sont arrivés à leur but, le

succès a couronné leurs efforts. Monsieur le trésorier vous dira
tout à l'heure le résultat extraordinaire, inespéré, de nos démarches et ce que l'on peut attendre de nos compatriotes quand
on fait appel à leur patriotisme. L'œuvre des *Archives histori-*
*ques de la Gascogne* est sortie victorieuse des difficultés de la
première heure. Aussitôt qu'elle s'est montrée, elle a rallié
autour d'elle les forces intellectuelles de la province; les mois
se sont écoulés et n'ont fait qu'augmenter sa vitalité; chaque
jour a été signalé par un pas en avant, un progrès accompli,
une victoire remportée. Elle compte à peine une année d'existence, et déjà elle a enlevé les suffrages des maîtres de l'érudition et conquis sa place dans le monde des études historiques.

Aujourd'hui notre œuvre est fondée et elle vivra; car votre
présence ici, messieurs, est le gage d'un avenir certain. Cet
avenir, n'en doutez pas, sera l'honneur de notre compagnie
et la gloire de la patrie gasconne!

Vous connaissez les moyens que votre Commission a em-
ployés pour arriver à ce résultat : ils vous ont été exposés
dans la *Revue de Gascogne* par notre illustre collègue M.
Léonce Couture, et en des termes trop élogieux pour moi
pour qu'il me soit permis de les louer à mon tour; j'ai bien
plutôt un reproche à faire à M. Léonce Couture : il ne vous
a pas tout dit. Il vous a parlé sans doute de cette maison si
hospitalière de la petite ville de Gontaud, de ce sanctuaire de
la science, où la première idée de l'œuvre autour de laquelle
nous sommes si fortement unis aujourd'hui germa dans une
conversation entre M. Tamizey de Larroque et moi. Il vous a
raconté la petite réunion qui se tint à huis-clos dans le château de La Plagne, où furent arrêtées les bases de notre
société; — il a justement loué l'ardeur de notre vice-président, M. Lavergne, — le zèle de notre cher et à jamais regretté président, M. le comte de Gontant-Biron, ses soins, sa
sollicitude pour cette société, qui a été une de ses dernières
et généreuses préoccupations sur la terre. M. Léonce Couture

a parlé de tout le monde, il n'a oublié que lui seul. Et cependant si quelqu'un avait droit à des éloges, c'était bien lui. Il a été notre inspirateur, notre guide, notre conseil, notre force, son seul nom a plus fait pour notre œuvre que toutes nos démarches, et sachez, messieurs, que la première et peut-être l'unique cause de nos succès a été d'avoir eu pour directeur de nos publications le grand érudit, le brillant critique, le maître que les sociétés savantes de Paris nous envient (1).

Le mode de publication que nous avons adopté diffère un peu de celui qui avait été exposé dans notre circulaire. Nous nous étions d'abord arrêtés à l'idée de former un recueil, une sorte de magasin où tous les documents auraient été entassés sans ordre précis, pêle-mêle, au fur et à mesure qu'ils nous seraient arrivés, comme ont fait avec tant de succès nos voisins de la Gironde. Mais en y réfléchissant, nous nous sommes convaincus que ce mode de publication laissait beaucoup à désirer et ne répondait pas à nos justes ambitions. Nous nous sommes rappelé qu'il y avait en France deux ou trois cents recueils de ce genre, qui sont pour la plupart les parias de la librairie, hors du commerce, hors de la connaissance du public, ignorés même des bibliothécaires qui les gardent dans des coins ténébreux. Qu'un document soit encore inédit ou qu'il soit inséré au vingtième ou au centième volume des mémoires de l'Académie de Dijon ou de Nancy, c'est presque la même chose. La collection, dès qu'elle est un peu avancée, devient un tombeau : nul ne sait ce qu'elle renferme, ceux mêmes qui voudraient consulter telle ou telle pièce se sentent découragés quand ils la savent perdue dans un pareil labyrinthe. Quelle humiliation, messieurs,

(1) [On me *défend expressément* de rien retrancher de mon éloge, sous prétexte que mes mérites sont « un peu la propriété de la Société historique de Gascogne. » Soit donc ! mais je lui souhaite sincèrement d'autres richesses, et ce ne sera pas ma faute si plus d'un lecteur dit ici surtout : « Ces gascons ! » — L. C.]

pour notre vanité de gascons si nos travaux avaient été en naissant condamnés au même sort! C'est pour éviter ce malheur que nous avons cru devoir prendre pour modèle de nos publications les admirables travaux de la Commission gouvernementale des *Documents inédits sur l'histoire de France*: Commission qui a rendu et qui rend de si grands services aux travailleurs et à l'histoire, précisément parce qu'elle ne publie que des travaux séparés, tels que sont les lettres d'Henry IV, de Richelieu, de Mazarin, des cartulaires, des chroniques, etc. C'est le désir de marcher sur de si nobles traces et d'être plus utiles à nos compatriotes qui nous a fait adopter la règle suivante :

La Société historique de Gascogne ne publie que des volumes indépendants et des documents ou séries de documents ayant une certaine étendue; chaque document ou série de documents formant un groupe naturel sur le même sujet est publiée à part en volume de 50 à 100, 200, 500 pages et au-delà; le nombre du tirage de chaque volume est délibéré et fixé en séance, suivant la vente probable de chaque spécialité. La Société publie tous les ans la valeur de 500 à 600 pages.

Ce plan, messieurs, nous a paru réunir tous les avantages et en particulier les suivants : 1° Publication aisée, deux ou trois fascicules pouvant marcher de front à l'imprimerie.

2° Facilité des recherches, par le groupement naturel des documents sous leur titre propre, tel par exemple que : Documents pour servir à l'histoire de telle province, de telle contrée, de telle ville, de telle institution; — Archives historiques de telle famille; — collections de coutumes, de paréages, de lettres de rois, ou de tel roi, de tel personnage; — livres d'hommages, cartulaires, chroniques, etc. Les titres peuvent varier à l'infini et embrasser tous les genres de documents.

3° Volumes inégaux, mais d'un titre net, partant, attirant l'amateur de telle ou telle partie.

4° Recommandation facile dans la presse érudite, qui parlera volontiers d'une série de lettres de roi, d'un cartulaire, etc., tandis qu'elle ne dit presque jamais rien des mémoires ou des recueils d'une société savante. Remarquez, messieurs, qu'être signalés, être consultés, être vendus, voilà le sort des volumes indépendants, jamais des recueils. Je suppose un volume ou une plaquette renfermant des coutumes locales, les noms de ville indiqués sur la couverture, vous aurez un article dans la *Revue historique du droit français*, un autre dans la *Bibliothèque de l'École des Chartes*, et vous vendrez en France et à l'étranger une cinquantaine d'exemplaires : il y a bien cinquante amateurs de droit coutumier. Un autre volume renfermant des contrats de mariage et des testaments, vous avez un article dans la *Revue du droit*, un autre dans la *Réforme sociale*, et les disciples de Le Play vous achètent.

5° Enfin, bonne fortune pour les collaborateurs qui veulent mettre leur nom sur un volume, qui seront heureux de vous livrer des documents tout prêts, qui n'attendent qu'un éditeur, mais qui se résigneront difficilement à les noyer dans une mer glorieuse et savante mais *ubi nullus ordo sed sempiternus horror inhabitat!* Bonne fortune aussi pour notre Société qui aura, outre les ressources de la souscription, les revenus de la vente des volumes, dont chacun trouvera son public spécial si nous continuons à publier de bons textes, comme nous ferons certainement avec l'aide de Dieu.

Cependant, Messieurs, comme il pourra arriver que, malgré la multiplicité des titres et la facilité des groupements, certains documents importants trouveraient difficilement leur place dans nos publications parce qu'ils seraient ou uniques en leur genre ou en trop petit nombre pour former un volume ou une plaquette, votre Commission, désireuse de ne rien laisser dans l'oubli, a pensé qu'elle pourrait, de temps à autre, réunir ces pièces diverses en un volume, sous le titre de *Mélanges*.

Ce plan adopté, nous nous sommes mis à l'œuvre, et malgré les difficultés d'une première organisation et les tâtonnements des premiers jours, nous avons publié dans le courant de l'année quatre cents pages de bons textes. L'impression du quatrième fascicule qui complétera les 600 pages promises se termine; il sera bientôt entre vos mains.

Il ne m'appartient pas, messieurs, de faire l'éloge de notre premier volume : *Documents sur la Fronde en Gascogne*; personne n'est juge dans sa propre cause. Je constaterai, toutefois, qu'il a eu dans le *Bulletin critique* les honneurs d'un article détaillé dû à la plume si autorisée de M. Chéruel, le grand historien de la Fronde. N'est pas critiqué qui veut par des hommes de ce mérite; de leur part, les reproches mêmes valent des louanges.

Les *Documents relatifs à la chute de la maison d'Armagnac-Fezensaguet et à la mort du comte Géraud de Pardiac* n'ont pas été jugés, du moins à ma connaissance, par la presse érudite parisienne. Cela tient sans doute à ce que M. Paul Durrieu n'a pas encore distribué les exemplaires de luxe qu'il a fait tirer à part dans cette intention. Mais M. Léonce Couture vous a dit dans la *Revue de Gascogne*, et vous avez pu apprécier par vous-mêmes la haute portée de ces documents, je devrais dire de cette dramatique histoire, pleins de révélations curieuses, d'épisodes étranges, d'événements tragiques. L'agencement parfait de ces documents, la science toujours sûre avec laquelle ils ont été préparés, nous réservent, j'en suis sûr, de vrais succès dans le monde savant.

Le *Bulletin critique*, le *Polybiblion*, la *Revue critique*, ont salué de leurs plus chaleureux applaudissements le *Voyage à Jérusalem du baron de Montaut*. Cela ne vous surprend pas, messieurs, et n'eût-il pas suffi pour louer ce travail de citer le nom de l'éditeur, M. Tamizey de Larroque? Nulle parole d'éloge ne vaut ce seul nom, qui est une des gloires littéraires de notre Gascogne.

Je vous ai dit que le quatrième fascicule était sous presse: il a pour titre *Les Huguenots en Bigorre* et comprendra plus de 200 pages. Ce fascicule ne le cèdera en rien à ses devanciers; il renferme des documents qui n'intéressent pas seulement le comté de Bigorre, mais aussi les provinces voisines, et qui jetteront un jour nouveau sur cette sombre époque de notre histoire. Ces documents sont nombreux; certains semblent inspirés par le souffle généreux des croisades; ils vous diront, messieurs, avec quelle foi héroïque, quel patriotisme ardent, les habitants de la Bigorre défendirent pied à pied leurs autels menacés et leurs foyers envahis par de nouveaux barbares; ils vous feront, dans des termes qui arracheront des larmes aux plus insensibles, le récit des plus amères douleurs qu'un peuple ait jamais ressenties; ils vous diront comment la ville de Tarbes fut prise, saccagée et livrée aux flammes jusques à quatre fois dans l'espace de trois ans, comment la Bigorre fut ravagée de fond en comble, à ce point que les ruines de plus de deux cents églises en couvrirent le sol et que les habitants, réduits à la dernière misère, furent obligés de s'expatrier pour aller mendier leur pain. Ce rapide énoncé vous fera saisir l'importance et l'intérêt de ces documents et comprendre quelle reconnaissance nous devons à M. Charles Durier, archiviste des Hautes-Pyrénées, qui les a recueillis et transcrits avec un soin et une patience de bénédictin.

Nous ne nous sommes pas seulement étudiés à faire de nos publications des travaux de solide érudition; il nous a semblé que ce serait aussi pour elles un mérite réel et un attrait de plus si, avant de captiver l'esprit, elles frappaient les sens par une forme élégante et sympathique à l'œil, une composition et un tirage irréprochables. Le suffrage des érudits ne nous

suffisait pas, nous voulions aussi gagner celui des biblio-
philes. Nous croyons, messieurs, avoir atteint ce but. Les
nombreux éloges que nous avons reçus nous confirment dans
cette bonne opinion. Une grande part de ces éloges revient
à notre dévoué archiviste, M. Paul Parfouru, qui veille avec
le soin le plus minutieux, le zèle le plus intelligent et le goût
le plus parfait à la bonne exécution de nos travaux. Mais je
dois ajouter que, sous ce rapport, il est admirablement se-
condé par le talent et le bon goût de nos excellents impri-
meurs, MM. Cocharaux.

Voilà le présent, messieurs, nous y avons pourvu. Mais
cela ne suffisait pas, il fallait aussi préparer l'avenir, songer
à l'année qui s'ouvre et aux suivantes. De ce côté, grâce à
Dieu, nos préoccupations n'ont pas été bien grandes; les travailleurs sont venus à nous en foule et nos espérances de
récolte sont magnifiques. La commission que vous nommerez
tout à l'heure trouvera deux manuscrits tout prêts pour
l'impression : un *Recueil de coutumes inédites de la Gascogne
languedocienne* (cette partie de notre province qui a pour
capitale l'Isle-en-Jourdain), publiées et annotées par notre
savant collègue M. Edmond Cabié, et l'*Histoire des couvents
des Frères Prêcheurs en Gascogne au XIII siècle*, précieux
manuscrit d'un contemporain, Bernard Gui, publié par M.
l'abbé Douais, professeur d'histoire ecclésiastique à l'Institut
catholique de Toulouse. Le nom de l'éditeur et le corps savant
auquel il a l'honneur d'appartenir vous disent assez, messieurs, combien cette publication sera marquée au coin d'une
science sûre et solide.

D'autres travaux sont sur le métier et bien près d'être ter-
minés. Il faut citer en premier lieu : *Les Sceaux gascons*, par
M. Paul La Plagne-Barris, magnifique travail impatiemment
attendu et dont la seule annonce a mis en émoi les savants
de la France et de l'Angleterre. M. La Plagne-Barris a déjà

recueilli les sceaux de plus de 600 personnages gascons. La gravure de chaque sceau sera accompagnée de sa description et d'une courte notice sur le personnage;

*Les comptes consulaires de Rixcle de 1440 à 1507*, texte gascon, publiés par M. Paul Parfouru, archiviste du département du Gers. La publication de ces comptes est d'une importance capitale; ils fourmillent de faits curieux, inédits, intéressant l'histoire générale de notre province; j'ajoute que le texte patois offrira aux philologues un fin régal;

*Légendes latines et françaises de quelques saints gascons*, par M. Léonce Couture. Le texte de ces précieux documents hagiographiques inédits est entièrement prêt, et le commentaire fort avancé;

Le *Cartulaire de Saint-Mont* et le *Livre rouge de Mirande*, publiés par M. Justin Maumus, avocat à Mirande. La copie de ces deux cartulaires est terminée, notre collègue travaille à l'annotation;

*Les Huguenots dans le Béarn et la Navarre*, par M. A. Communay, travail à peu près achevé et qui renferme, entre autres documents précieux, la correspondance de Mongommery avec la reine de Navarre pendant les jours à jamais néfastes qu'il passa en Gascogne, une série de lettres du fameux baron d'Arros, des documents sur ses agissements dans le Béarn après le départ de Mongommery et des lettres de Terride, Montamat, Luxe, Monein, Gramont, Bonasse, Esgarrebaque, Sainte-Colomme, Sarlabous, etc. Ces quelques noms pris au hasard vous disent déjà, messieurs, l'intérêt qu'offrira ce travail;

*Audigeos et l'impôt de la gabelle en Gascogne*, par M. A. Communay, recueil de 126 documents inédits sur ce gentilhomme gascon, trop peu connu, qui pendant quinze années tint en échec la toute-puissance de Louis XIV, et souleva les Landes, la Bigorre, l'Armagnac, le Béarn et la Navarre contre l'établissement de la gabelle. Traqué, poursuivi comme une

bête fauve par des régiments entiers et jamais pris, déclaré
traître, rebelle, hors la loi, sa tête mise à prix sans qu'il se
soit trouvé dans toute la Gascogne un lâche pour la vendre,
soutenu par le clergé et par le peuple, terrible aux gens de la
gabelle, sans quartier pour leurs partisans, batailleur, hardi,
fier, intrépide, indomptable, en un mot vrai gascon, Audigeos
obligea le grand roi à traiter avec lui d'égal à égal et alla se
faire tuer glorieusement à la tête d'un régiment français, sur
un champ de bataille de la Catalogne. Voilà, messieurs, à
grandes lignes, la trame de ces documents, parmi lesquels il
faut citer le fameux traité avec le roi qu'aucun historien n'a
encore connu. Je ne crois pas être trop téméraire en affirmant
que cette publication aura du retentissement et fera honneur
à notre société.

M. Tamizey de Larroque prépare un recueil de *Lettres du
maréchal de Gramont et de quelques membres de sa famille*,
une série de *Documents sur Monluc et sa famille*, un recueil
de *Lettres inédites du maréchal de Biron*. Vous savez, messieurs, quels droits nous avons sur ce grand capitaine, qui mit
si glorieusement sa main droite à la couronne d'Henry IV, il
vint demander à la Gascogne une de ses plus nobles fille en
mariage, Jeanne d'Ornezan, héritière de Saint-Blancard, petite-
fille d'un des plus glorieux hommes de mer du xvie siècle,
l'amiral Bertrand d'Ornezan.

M. le comte Théodore de Gontaut-Biron, notre collègue,
le digne frère de notre regretté président, copie pour nous en
ce moment la *Correspondance de Jean de Gontaut-Salagnac*,
qui fut chambellan d'Henry IV alors qu'il n'était que roi de
Navarre et fit avec lui toutes les guerres de Gascogne.

M. Gaston Balencie tient à notre disposition le *Cartulaire
de la Bigorre*, le *Cartulaire de Saint-Pé-de-Générez*, les *Debita
regis Navarrœ*.

M. Paul Druilhet, adjoint au maire de Lectoure, a transcrit
les *Coutumes, établissements et statuts des xiiie, xive et xve*

*siècles de la ville de Lectoure*, ainsi que les *Délibérations de la fin du* XVᵉ *siècle* du corps municipal de cette ville; précieux recueil de textes gascons, qui nous fournira mille détails sur l'histoire de la capitale de l'Armagnac.

Enfin, messieurs, et j'aurais dû commencer par là, la publication de nos vieux cartulaires d'Auch nous a vivement préoccupés. Ces cartulaires, au nombre de cinq, sont, sans contredit, les documents les plus importants de toute la Gascogne; ils sont le fondement, le point de départ de l'histoire religieuse et politique de notre province. Le cartulaire *blanc* a été transcrit par un jeune élève de l'Ecole des Chartes, M. Tissier; la transcription des quatre autres et l'annotation de tous ne sont pas le travail d'un jour, il y faut une préparation sérieuse et complète; mais leur tour viendra.

Cette longue liste de travaux déjà mis en train n'excite-t-elle pas votre admiration, messieurs, et n'est-elle pas la justification éclatante de l'utilité et de l'opportunité de notre entreprise? Il y a vingt-cinq ans que la *Société historique de Gascogne* travaille, vingt-cinq ans qu'elle fouille dans le passé pour en soulever les voiles et y jeter la lumière de la vérité; elle s'est enquise pendant ces années d'étude des richesses historiques que renfermait la province, elle en a recherché les gîtes, elle a calculé les avantages de leur exploitation, et après cette longue expérience elle s'est mise à l'œuvre. Aujourd'hui les premières tranchées sont faites, les voies sont ouvertes, les collaborateurs se groupent, les matériaux s'élaborent, l'organisation se développe — que manque-t-il donc? Messieurs, il manque de l'argent! Vous entendrez tout à l'heure un exposé financier qui atteste un budget en équilibre, ce qui est vraiment admirable dans une œuvre à peine fondée; mais cela ne suffit pas, il faut avoir un lendemain, il faut assurer l'existence de notre société et sa prospérité. Pour cela, messieurs, deux choses sont nécessaires : le dévouement et le recrutement. Dans notre Gascogne, il suffit de frapper le sol du pied pour en faire surgir des cœurs dévoués, et cela est si vrai que le sentiment qui vous a conduits ici est celui du dévouement à la science. Eh bien ! il faut que ce dévouement soit chez nous une vertu active, il faut que nous fassions connaître autour de nous l'œuvre des *Archives historiques de la Gascogne*, que nous recrutions des souscripteurs. Ce chiffre de 200, que les plus ardents regardaient comme une espérance fondée et les plus timides comme une chimère, nous l'avons dépassé. Grâces en soient rendues à Celui qui féconde les entreprises et fait sortir la vie du néant; aujourd'hui nous sommes devenus le *nombre*, et cela seul est une puissance. Cette puissance, messieurs, il nous appartient de la doubler; que chacun de vous amène seulement un souscripteur et nous formons un corps de 500 gascons. C'était le chiffre de nos vieilles bandes gasconnes, et vous savez quelles entreprises glorieuses elles ont exécutées, quelles actions d'éclat elles ont accomplies. Que ne ferons-nous pas nous-mêmes, avec ce même nombre? Au lieu de six cents pages, c'est mille et plus encore que nous publierons tous les ans.

Mais, direz-vous peut-être, c'est trop d'ambition, la Gascogne est si pauvre! C'est vrai, messieurs, elle est pauvre; bien pauvre, cette mère tant aimée; mais si le sein qu'elle donne est dur, le lait qui en découle est généreux, et ceux qu'elle en nourrit sont forts. Réjouissons-nous de cette pauvreté qui, en doublant le prix de nos sacrifices, nous attachera davantage à notre œuvre et nous rendra plus fiers de nos succès. Y a-t-il rien de plus fécond, de plus riche que la pauvreté? demandez-le au Christianisme. D'ailleurs, il y a ici quelque chose de plus qu'une question scientifique; c'est notre patriotisme qui est en jeu. On a écrit et on a dit qu'après son annexion à la couronne, la Gascogne, absorbée dans le grand royaume, avait cessé de faire parler d'elle. Cela est faux, messieurs; mais s'il est encore en France des gens qui le croient, prouvons-leur que la race des gascons n'est pas morte. Sans donte, nous ne pouvons plus, comme autrefois, porter les armes en corps distincts sur les champs de bataille, mais du moins nous pouvons nous grouper sous le drapeau de la science. Unissons-nous sous cette noble bannière, mettons en commun nos sacrifices et nos généreux efforts pour faire valoir le vieil honneur gascon, publions les exploits de nos pères, étonnons le monde en lui rappelant ce que furent les nôtres, et élevons à la gloire de notre chère Province un de ces monuments de granit qui traversent les âges, un monument de vraie et solide science.